LA

POLITIQUE FRANÇAISE

PARIS

IMPRIMERIE DE L. TINTERLIN ET Cᵉ

rue Neuve-des-Bons-Enfants, 3.

LA
POLITIQUE
FRANÇAISE

PARIS

E DENTU, LIBRAIRE-ÉDITEUR

GALERIE D'ORLÉANS, 13, PALAIS-ROYAL.

—

1860

LA
POLITIQUE FRANÇAISE

I

Lorsque quelques écrivains viennent apporter à la révolution leur tribut d'insultes, ils semblent ne pas se douter de l'origine du pouvoir actuel ; d'un trait de plume ces géants ont biffé 89, base constitutionnelle de l'empire.

Ce qu'ils n'ont pas compris, Napoléon l'a vu dès le premier jour, il l'a écrit dans le préambule de sa constitution, il l'a soutenu en Italie avec l'épée de la France, et c'est ce qui fait sa force aux yeux de l'Europe.

Certes, il a de belles flottes, une armée aguerrie, les premiers soldats du monde, c'est incontestable ; mais nous avons eu tout cela ; nous avons eu de plus un grand capitaine, et la France a subi la honte de deux invasions. C'est qu'il manquait une chose à l'édifice : la liberté. C'est que la France était, sous le premier Empire, une ennemie pour les peuples ; c'est qu'alors on faisait des guerres de dynastie : c'est que joug pour joug, autant valait celui de l'Autriche que celui de la France, et que les coalitions étaient puissantes de toute la haine que les peuples portaient à l'étranger despote, qui venait, après la victoire, imposer de nouveaux hommes, de nouvelles lois, de nouvelles chaînes.

Aujourd'hui les événements ont marché. Détracteurs de la liberté, qui niez le progrès social, votre rôle est fini ! C'est en vain que vous fermez les yeux, la révolution s'accomplit en Europe ; elle vous environne et vous emporte. Si l'on vous écoutait, après dix ans de victoires nous verrions encore le territoire envahi, parce que c'est vous qui tendez la main à l'étranger, vous qui nouez les coalitions en désarmant les peuples. En voulant comprimer la pensée qui marche rapide, vous provoquez la révolution ; vous êtes les soutiens du despotisme, sans songer que toute amélioration, lorsqu'elle se réalise pacifiquement par un accord complet entre le peuple et son gouvernement, s'appelle le progrès, et qu'elle s'appelle la révolution lorsque le pouvoir s'appelle résistance.

En repoussant la révolution, nous avons des soldats sans armes et des flottes sans canons. Vous ignorez que la grande force qui dissout les coalitions, c'est la peur qu'inspire aux têtes couronnées la révolution seule. C'est pour cela que le programme de Milan, ce magnifique cri de liberté, vaut à lui seul plusieurs armées.

Ce programme, c'est l'ère nouvelle ; la France libérale l'a si bien compris, que son opposition a cessé, qu'elle a fait taire ses opinions diverses, ses craintes, ses antipathies, ses haines ; qu'elle a mis de côté, momentanément, ses préoccupations de libertés intérieures, pour se ranger autour de l'homme qui relevait le drapeau de l'Italie et qui signait ce sublime appel à tous les opprimés. Que l'Europe ne s'y trompe pas, la France n'abdique pas pour elle-même ; mais elle voit la situation critique des nations, et comme l'ancienne Rome, elle nomme un dictateur et lui ordonne de sauver la liberté en péril.

En face de cette situation nouvelle, la vieille politique absolutiste s'est émue, elle a doublé ses soldats, doublé ses

arsenaux ; elle tremble encore !... Les peuples ont re-
cueilli ces paroles saintes, les ont méditées, et sans bruit,
la révolution morale s'est accomplie.

II

Jetons un coup d'œil sur les cabinets de l'Europe et ren-
dons-nous compte de cette étrange situation, qui n'est pas
la paix, parce que toutes les puissances épuisent leur budget en armements formidables : qui n'est pas la guerre,
parce qu'avant d'attaquer la France, il faut que les rois
comptent avec les peuples ; et voyons quelle pensée fatale,
inévitable, a conduit les choses au point où elles en sont.

L'Autriche, cette taupe de l'absolutisme, avait, depuis
1815, activement continué son travail souterrain : la diplomatie avait jeté un réseau serré sur toute l'Italie. Le
roi de Naples ne pouvait rien changer à son gouvernement
de police ; le vieux duc de Modène avait livré ses forte-
resses ; les papes étaient les vassaux de l'empire, partout
l'Autriche tenait garnison. Tous ces petits princes pre-
naient des précautions contre toute velléité d'indépendance
de leurs sujets, une émeute à Parme pouvait avoir un terrible retentissement dans la Lombardo-Vénétie ; l'Autriche
devenait nécessairement le bâillon, la main de fer qui devait étouffer jusqu'à l'espérance d'un avenir meilleur.

Dans ce but, elle grevait son budget, marchait à sa ruine
pour maintenir une armée formidable sur pied de guerre ;
mais elle pensait qu'un jour Venise et Milan se façonne-
raient au joug, et que sa domination sur l'Italie paierait
les dettes du passé.

Une seule puissance restait debout, la Sardaigne !.....
La Sardaigne, vaincue à Novarre, mais forte contre l'Au-

triche de la puissance d'une idée. Elle rêvait l'unité de l'Italie. C'est Mazzini qui, le premier, avait formulé le programme de cette unité et qui, peu confiant dans le récent libéralisme de Charles-Albert, enleva une partie de sa force à ce premier défenseur de la liberté italienne, que la trahison acheva de terrasser à Novarre.

Victor-Emmanuel continua son œuvre avec énergie, secondé par un de ces grands ministres si rares dans l'histoire des nations, M. de Cavour. L'Italie, ce vieux champ de bataille de la France, où chaque nom de village rappelle une de nos gloires, subissait l'oppression la plus violente ; Napoléon III voyait avec déplaisir les envahissements de l'Autriche, il ne pouvait évidemment laisser succomber la Sardaigne et permettre aux Croates de monter la garde à Chambéry. L'Autriche, maîtresse des Alpes, gardait les portes de la France pour les ouvrir à la coalition ; cette situation devenait menaçante, il valait mieux secourir la Sardaigne avant qu'après une nouvelle bataille de Novarre, et nos bataillons franchirent les Alpes, comptant les étapes par des victoires, pour s'arrêter à Solférino.

La liberté de l'Italie était le prétexte, mais n'était pas le seul but, il fallait affaiblir l'Autriche, la rejeter hors de l'Italie, sauf à l'anéantir plus tard s'il était impossible d'en faire une puissance purement germanique.

Pourquoi ne pas dire ma pensée ; lord Derby, ministre à cette époque, l'a laissé entrevoir sans oser la dire à la tribune : il fallait détruire sur le continent l'épée de l'Angleterre.

Je ne fais que rappeler l'histoire de nos grandes luttes, c'est l'Angleterre qui a été la bourse de l'Autriche, c'est l'Autriche qui a été le soldat de l'Angleterre ; l'une, puissance continentale, l'autre, puissance maritime, financière, elles se complétaient l'une par l'autre. A elles deux elles avaient des vaisseaux, des soldats, de l'argent. Elles étaient le nœud fatal de toutes les coalitions contre la France ; aussi l'Angleterre s'est montrée inconséquente, elle a manqué de logique en renversant lord Derby, en ne faisant pas cause commune avec l'Autriche.

A-t-elle craint que l'Autriche, puissante par ses soldats, n'eût l'ambition d'avoir une marine? A-t-elle redouté que, sans contre-poids sur le Rhin, l'Autriche n'eût la pensée et la force de secouer son influence; qu'à cheval sur la Méditerranée et l'Adriatique, une fois l'Italie soumise, développant sa marine de guerre et de commerce, elle ne voulût pour elle seule les marchés de l'Italie et de l'Allemagne? A-t-elle attribué à l'Autriche la résistance qu'elle avait éprouvée à Naples dans la question des soufres? Est-ce une suite de son alliance de famille avec la Prusse?

Certes, ce n'est pas l'Angleterre, qui vendrait la liberté du monde pour quelques balles de coton, qui s'est éprise pour l'Italie d'un bel amour, d'un tendre dévouement. A Londres, les sentiments valent ce qu'ils rapportent. La diplomatie n'a pas de secrets impénétrables, et si quelques voiles ont couvert au début ses sourdes menées, les faits sont rapidement venus les mettre au grand jour.

III

La paix de Villafranca est la clef de tout ce mystère. Cet acte d'une haute portée politique, blâmé sévèrement par les uns, mal défendu par les partisans du pouvoir, qui n'ont vu dans la paix qu'un fait exigé par la prudence, que la peur d'une coalition, est à mes yeux le chef-d'œuvre de la diplomatie impériale.

On a crié à l'abandon de l'Italie, on a fait de beaux dithyrambes sur Venise aux fers de l'Autriche; peu de personnes ont compris la pensée intime qui a dicté les conditions de la paix et les conséquences immenses qu'elle devait avoir.

Le discours de l'Empereur : « Croyez-vous qu'il ne m'en ait pas coûté... » n'était pas de nature à compromettre cette pensée profonde ; il fut le complément nécessaire de la paix de Villafranca, le dernier voile jeté entre cette paix et l'avenir.

Continuer la guerre, c'était se précipiter en aveugle dans toutes les chances de l'inconnu, c'était peut-être soumettre la liberté de l'Italie aux périls d'une coalition, tout conseillait la paix de la manière la plus impérieuse.

1° La Prusse, poussée par l'Allemagne entière, aurait porté son armée sur le Rhin, et d'une question purement italienne on faisait une question germanique, ce qui créait un immense embarras, sinon un danger ;

2° L'Angleterre, notre éternelle ennemie, que nous retrouvons partout où une pensée hostile à la France se produit, n'aurait-elle pas profité de ces complications pour rentrer contre nous dans une coalition ? Elle eût encore, soit avec Derby, soit avec Palmerston, dépensé des milliards pour se mettre dix contre un ; parce que l'Angleterre ne dort pas du bruit que font les arsenaux de la France ; parce que chaque coup de hache qui équarrit un bois pour une chaloupe lui fait une blessure. Elle est là, livide, envieuse, écoutant avec terreur le sifflement de nos vapeurs, parce qu'elle sait qu'une défaite navale c'est sa débâcle, c'est sa faillite, c'est sa ruine ;

3° Une troisième raison, la plus puissante qui ait pesé dans la balance, c'est la révolution imminente de la Hongrie. Qu'on ne l'oublie pas, avant Solférino, Klaptka organisait au camp français une légion hongroise, Kossuth marchait en Italie au milieu des ovations officielles et populaires : il était évident qu'une levée de boucliers était imminente. A cause des progrès de l'idée panslaviste, la révolution, au lieu d'être circonscrite en Hongrie, menaçait de se généraliser à la race slave.

La Russie, qui voyait avec plaisir l'affaiblissement de la maison d'Autriche, qui se souvenait de l'occupation des provinces moldo-valaques, qui, après l'avoir sauvée de Kossuth, lui reprochait son ingratitude lors de la guerre de Crimée, ne voulait pas néanmoins voir la révolution à ses portes, parce que l'incendie allumé en Hongrie pouvait s'étendre en Pologne; parce que l'Autriche tombée, un royaume formé des races slaves et roumanes, à cheval sur le Danube, se plaçait avec un riche climat et une population de vingt-cinq millions d'hommes, entre elle et l'objet éternel de sa convoitise : Constantinople.

Le czar se vit menacé, voulut à tout prix conjurer la tempête, et sa diplomatie sauva une seconde fois l'Autriche d'un danger bien plus grand que celui contre lequel elle avait failli succomber en 1848. Qui ne se souvient de cette mission, officiellement annoncée, d'un aide de camp de l'empereur Alexandre, le comte Souwalow. Le but ostensible était de féliciter l'empereur Napoléon des victoires de Magenta et de Solférino, le but secret était d'arrêter la guerre.

L'ambassadeur fit connaître la position de son maître, émancipant les serfs de ses domaines, ayant, pour atteindre ce but, besoin de la paix, ne pouvant à aucun prix laisser la révolution éclater à ses portes, et se voyant dans la nécessité de faire occuper, par une armée puissante, la Hongrie, que l'Autriche seule ne pouvait contenir. Dans ce cas, l'Autriche, débarrassée de toute crainte du côté de la Hongrie, pouvait, dans sa lutte contre la France et l'Italie, disposer de toutes ses forces, et, avec le concours de la Prusse, porter la guerre à la fois sur le Pô et sur le Rhin.

L'ambassadeur de l'empereur Alexandre fit comprendre que le vainqueur seul pouvait dignement faire des ouvertures de paix, que ces ouvertures seraient considérées par la Russie comme un gage de condescendance et d'amitié donné par la France, et de nature à cimenter une union plus intime dans l'avenir.

D'un autre côté on eut peu de peine à faire comprendre à l'Autriche que sa situation était menacée; que c'était pour elle une question de vie ou de mort ; qu'elle ne pouvait résister à la Hongrie insurgée, à l'Italie et à la France ; que même, dans le cas où elle entraînerait la Prusse et la Confédération sur le Rhin, elle ne sauvait pas sa position, car les secours qu'elle recevait la rendant l'obligée et la vassale de la Prusse, elle dépensait son dernier homme et son dernier écu pour l'agrandissement de sa rivale.

Le refus de l'empereur Napoléon créait une coalition puissante, à laquelle la révolution seule pouvait répondre en jouant son va-tout. La prudence ordonnait de s'arrêter, et la paix fut conclue : c'était désormais à la diplomatie à réaliser ce programme de Milan, après avoir fait avorter l'idée d'une coalition européenne.

Faisons de l'histoire : fidèle aux stipulations de ce traité de paix, confirmé à Zurich, Napoléon laissa à l'Italie toute liberté de rappeler ses princes et ses ducs, ne stipulant qu'une seule chose comme sauvegarde de la paix : le principe de non-intervention. Mais cette clause était la base inébranlable de l'unité italienne. Le conseil donné aux Italiens de conserver l'autonomie des duchés ; le plan d'une fédération italienne avec le pape au sommet ; tout cela devenait dès lors subordonné à la libre expression de la volonté nationale, et quand le *Moniteur* déclara que la France voyait avec regret que ses conseils n'eussent pas été suivis, que c'est à ses risques et périls que le Piémont prenait possession des duchés et des Romagnes, que la France seule se battait pour une idée, etc., etc. Le but était atteint, le fait accompli. L'Angleterre s'engageait de plus en plus dans les idées du programme de Milan, et l'empereur Napoléon III dégageait ainsi, aux yeux de l'Europe, la responsabilité de la France. Alors un observateur attentif put s'expliquer les résultats acquis : la coalition était étouffée à sa naissance, très difficile sinon impossible pour l'avenir, et l'unité de l'Italie assurée.

Cette politique profonde devait amener d'autres résultats, ils ne se firent pas attendre longtemps : l'Angleterre, jalouse de notre prépondérance en Italie, crut le moment favorable de nous supplanter ; elle se lia chaque jour d'une manière plus intime avec la révolution italienne, ne voulut accepter un congrès qu'à la condition que les populations resteraient libres de choisir leur gouvernement, seconda les plans de M. de Cavour de toute sa puissance morale, et poussa à l'annexion de la Romagne et des duchés. Derrière le principe de non-intervention, elle abrita ses intrigues ; alors que la France parlait fédération, elle parlait unité ; activant l'œuvre de nos soldats, détruisant à jamais la force de l'Autriche dans l'Italie du nord et préparant déjà la lutte qui devait annexer la Sicile et l'Italie du sud.

L'Autriche, frappée par l'Angleterre, amoindrie, menacée partout de la révolution en vertu des nouveaux principes patronés en Italie : suffrage universel et non-intervention, se prépara en silence, mais avec un redoublement d'activité, à des luttes nouvelles.

Ce fut un spectacle nouveau dans l'histoire que celui de l'Angleterre démolissant au bénéfice de la France. Aussi l'Empereur n'eut qu'à laisser faire pour réaliser sans de nouveaux sacrifices son programme de Milan. Plus il penchait vers l'Autriche, plus il se montrait esclave du traité de Zurich, plus l'Angleterre s'engageait dans le mouvement révolutionnaire qui devait amener l'unité de l'Italie. De telle sorte que Napoléon, en acceptant ses propres idées, a paru faire un sacrifice à l'alliance anglaise. La paix de Villafranca était donc, je le répète, le coup le plus terrible porté à la coalition, les faits sont venus rapidement en dévoiler la haute portée politique. Résumons-les :

1° A peine conclue, l'Autriche a reproché avec aigreur à la Prusse son abandon, et la question de prépondérance a été posée avec une hostilité prononcée, que Tœplitz peut dissimuler mais non pas détruire.

2° L'Angleterre a rompu avec l'Autriche, cette vieille amie, rompu avec toute coalition en se jetant avec ardeur du côté de l'Italie.

3° Le principe de non-intervention accepté par l'Europe, a laissé l'Italie libre d'agir et maîtresse de ses destinées.

4° La Russie, flattée de voir ses conseils adoptés, a dû savoir gré à la France de sa condescendance.

Voilà les immenses résultats obtenus par la diplomatie ; qu'eût produit de meilleur une guerre heureuse sur le Rhin et sur le Pô ? sans parler des douloureux sacrifices qu'il faut toujours faire à la victoire.

IV

Deux obstacles se dressaient devant cette pensée de l'u-nité italienne! Rome et Naples, gouvernements jumeaux : l'un vivant sous la protection des baïonnettes étrangères, l'autre sous la main de fer d'une police ombrageuse qui réglait la forme de la barbe, du costume, du chapeau, sous peine de bastonnade en cas de contravention ; pour laquelle tout était suspect, et qui, au moindre soupçon, sans jugement, sans appel, remplissait les cachots et cherchait la vérité dans les aveux arrachés à la torture.

Bien souvent la France et l'Angleterre avaient protesté au nom de l'humanité contre ces exécutions sommaires qui menacent la tranquillité du monde en provoquant la révolution !...

Le vieux Bourbon venait de mourir, et son fils, François II, héritait de ses traditions gouvernementales et de la haine que la nation avait vouée à sa famille. L'Autriche ayant perdu la Lombardie et les duchés, chassée des États du Pape, vaincue, à la veille d'une banqueroute, en face du principe de non-intervention énergiquement proclamé par la France et l'Angleterre, ne pouvait, en cas de révolution, envoyer ses troupes à Naples.

François II restait donc seul en face de son peuple. Au lieu de parler clémence, il redoubla de rigueur ; au lieu de parler liberté, il s'entoura de ce que le despotisme avait de plus chauds partisans.

C'est dans ces conditions qu'éclata l'insurrection de Sicile et que Garibaldi, à la tête d'une poignée d'hommes, entreprit de renverser un trône du droit divin, appuyé sur une flotte assez puissante pour défendre ses côtes et sur une armée de cent soixante-dix mille hommes commandée par des généraux dévoués de longue main.

Que l'Angleterre, oui ou non, ait fait une question de soufre de la question italienne dans le royaume des Deux-Siciles ; qu'elle ait favorisé moralement les insurgés ; qu'un hasard préparé ait permis à Garibaldi de débarquer ; il n'en reste pas moins dans l'histoire, comme un fait unique, qu'un homme, à la tête d'un millier de partisans, organisant les bandes indisciplinées de l'émeute, ait forcé une armée de vingt-cinq mille hommes, battue déjà deux fois, à capituler dans Palerme, et se soit emparé dans un mois de la Sicile.

Le secret de sa puissance et de ses triomphes, c'est qu'il est un drapeau ; c'est qu'il personnifie aux yeux des opprimés l'Italie indépendante, aux yeux des hommes qui pensent, l'union qui fait la grandeur, aux yeux du peuple, aux yeux de tous, la patrie. L'Italie morcelée est soumise, impuissante, à toutes les tyrannies. L'Italie *une*, devient une nation qui, par sa position topographique, a le droit d'être respectée, et qui peut développer en liberté toutes les ressources que la Providence a placées sous sa main.

Faut-il s'étonner que, honteuse du passé, forte de l'avenir, riche d'espérance, l'Italie se lève, du nord au midi, comme un seul homme ; qu'elle veuille pour elle son sol si fertile, ses ports si nombreux qui n'attendent qu'une marine nationale pour apporter la richesse et la prospérité ; son soleil si pur, qui a mûri ces grands génies dont les œuvres remplissent les musées et les bibliothèques de l'Europe. Faut-il s'étonner que cette langue si douce, repousse l'idiome allemand ; que ces débris de tant de grandeurs refusent de se discipliner sous le knout des Croates. Il n'a fallu rien moins que ce morcellement du sol, que ces chaînes tressées par la sainte-alliance, pour étouffer si longtemps les nobles aspirations de l'Italie vers la liberté.

Grâce à son énergique réveil, ce passé est déjà loin de nous, la liberté de l'Italie est presqu'un fait accompli. Le roi de Naples est un souvenir historique ; la domination temporelle des Papes à jamais perdue et la révolution triomphante tend à constituer l'unité de l'Italie. Comment l'Europe absolutiste a-t-elle laissé s'accomplir des faits d'une importance aussi majeure ? Comment a-t-elle assisté l'arme au bras aux luttes de la Sicile ? à l'invasion de Naples ? à la chute des Bourbons et des Papes ? Voilà des secrets qui ne seront jamais révélés entièrement, parce que tous les gouvernements ont intérêt à cacher les mobiles qui les font agir.

La Prusse a fait grand bruit de ses armes et de ses soldats ; mais elle s'est souvenue que l'Autriche avait trop souvent parlé en maître, et n'a pas été fâchée de la voir s'amoindrir. Afin d'être son égale, ne pouvant s'élever, elle a laissé l'autre descendre. Garrottée par la Confédération allemande, où *sont ses intérêts* à défendre le *statu quo* qui l'empêche à jamais de s'agrandir ? elle ne peut l'espérer qu'en prenant le Hanovre et quelques petits duchés allemands ; et pour cela il faut que la carte d'Europe soit refaite. Pour le moment, liée à la politique anglaise, aimant à temporiser, ne se trouvant pas menacée par les succès de Garibaldi, ayant tout intérêt à n'avoir rien à démêler avec la France, à cause des provinces rhénanes, la Prusse n'a pas senti le besoin d'intervenir. Comment la Prusse aurait-elle protesté contre l'unité de l'Italie, elle qui se croit destinée à devenir la tête de l'unité allemande ? D'ailleurs, dans l'avenir, l'Italie libre et forte, ne doit-elle pas être, pour la Prusse libérale, un allié puissant contre l'Autriche ?

La Russie, ce gendarme autrichien qui, partie par la force, partie par la trahison de Georgeai, étouffa le cri de liberté de la Hongrie sous la botte de ses Cosaques, boudant sous sa tente, réparait ses désastres de Crimée et faisait expier à l'Autriche son occupation des provinces danubiennes. Moins que personne, elle songeait à intervenir. Car, l'Autriche affaiblie, c'était une étape de moins pour arriver à Constantinople. Elle s'était émue de la légion Klaptka, formée pendant la guerre d'Italie, de la présence de Kossuth à Turin, parce que la révolution de Hongrie lui inspirait des craintes pour la Pologne. Mais, rassurée par la paix de Villafranca, faite en apparence pour lui plaire, elle voyait, sans s'émouvoir, le royaume de Naples se dissoudre et l'autorité temporelle des Papes disparaître. Ses protestations sont à peine suffisantes pour rappeler qu'elle était une puissance signataire des traités de 1845.

L'Autriche, qui connaissait l'ennemi, qui savait que sa bravoure allait jusqu'à l'audace ; l'Autriche qui, sous la blouse de Garibaldi avait deviné le général, l'homme aux résolutions profondes, exécutées avec la rapidité de la foudre, fut alarmée. Son premier ministre demanda à notre ambassadeur de quel œil la France voyait cette invasion, violation complète du droit des gens !... L'indignation du consul français fut des plus vives ; notre ambassadeur à Turin protesta en termes plus amers que l'Autriche ; le Piémont déclina toute responsabilité, déclara avoir employé tous les moyens en son pouvoir pour empêcher l'expédition, fit connaître les ordres transmis pour l'empêcher même par la force : malheureusement ces ordres étaient arrivés trop tard.

L'Europe se montra satisfaite des explications, ou parut l'être ; quand plus tard la révolution s'est accomplie dans le royaume des Deux-Siciles, au cri de *vive Victor-Emmanuel !* et qu'on a jeté le masque pour entrer dans les

Marches et l'Ombrie, ne fallait-il pas, par un grand déploiement de forces, éviter une lutte en Italie, débarrasser les populations d'une occupation mercenaire, intimider le parti exalté capable de tout remettre en question en empêchant l'annexion de la Sicile et de Naples !... Ne fallait-il pas éviter une lutte probable et immédiate contre l'Autriche, peut-être une attaque contre Rome, couvrir les Légations avec une armée puissante, concentrer les efforts de Garibaldi dans le royaume des Deux-Siciles, organiser l'autorité dans les provinces nouvelles et refaire une nation où la révolution triomphante avait préparé les éléments, mais n'avait encore fait que des ruines.

Au milieu du laissez-faire, qui semblait le mot d'ordre général, l'Autriche prit note des proclamations de Garibaldi, des armements considérables de la Sardaigne, et fortifia ses camps retranchés de Mantoue, de Peschiera et de Vérone, elle redoubla d'activité pour les approvisionnements de vivres et de canons, et devint dans son quadrilatère aussi forte, aussi menaçante que la veille de Solférino.

Sans confiance dans la paix de Zurich, annulée par le principe de non-intervention, ayant toujours à redouter de ramener la France sur les champs de bataille de l'Italie, ne pouvant plus compter sur l'Angleterre, dont, pour le moment, les intérêts lui étaient hostiles, elle chercha à séduire la Prusse, à se rapprocher de la Russie, à former une ombre de coalition garantissant à la Prusse les provinces rhénanes, rassurant la Russie contre toute révolution panslaviste, à la condition de prendre en commun des mesures offensives et défensives en cas d'attaque sur Venise. La Russie a-t-elle promis de maintenir la Hongrie si une révolution éclate, provoquée par une guerre sur le Rhin et sur le Pô ? L'Autriche et la Prusse ont-elles fait des concessions sur le Danube pour que la Russie *entre en ligne*, c'est ce que l'avenir nous dira. Personne ne sait encore ce qui sortira de l'entrevue de Varsovie, seulement, que l'Allemagne y prenne garde !... La Russie, maîtresse

du cours inférieur du Danube, est maîtresse du commerce
et des destinées de l'Allemagne. Ce serait payer une alliance cent fois ce qu'elle peut donner.

L'Angleterre est tout italienne, parce qu'elle veut à
tout prix supplanter en Italie l'influence française, et qu'en
organisant aux portes de la France une grande nation, elle
se crée un marché qui sera longtemps un débouché pour
ses produits ; parce que les intérêts de l'Italie forte, libre,
étant évidemment les mêmes que ceux de la France, elle
croit nous donner une rivale, et comme organisation militaire et comme puissance maritime ; parce qu'elle pense
amoindrir Marseille et Trieste à son bénéfice et faire par le
canal italien le commerce de l'Allemagne.

Comment refuser à l'Angleterre toute satisfaction en Sicile dans l'affaire des soufres, comment ne pas accorder à
ses marchandises les plus grands avantages, après que
l'Angleterre s'est dévouée à la liberté, à l'indépendance
de l'Italie ?

Sans doute, l'entente la plus cordiale règne entre la
France et l'Angleterre ; mais enfin tout finit, il peut arriver un moment où les deux nations, dont les intérêts sont
en contact, pour ne pas dire en hostilité, sur tous les points
du globe, aient l'une et l'autre la douleur de voir se rom-
pre ces relations édifiantes que les formes diplomatiques
ont la plus grande peine à rendre polies. Cela peut arriver
d'un jour à l'autre. Dans ce cas, l'Angleterre a besoin sur
le continent d'un allié qui lui ouvre ses ports, qui lui livre
les frontières de la France ; elle prépare de longue main
ce qui peut lui être utile dans l'avenir. Malgré l'entente
cordiale, quand la France penche à droite, l'Angleterre
penche à gauche. Si Constantinople n'était pas là, sous la
main avide de la Russie, où serait le lien possible entre la
France et l'Angleterre ?... Si elles étaient sans crainte sur
le Bosphore, les intérêts confondus de leur commerce ne
seraient jamais assez forts pour sauvegarder la paix.

Des raisons diverses réunissent à cette heure la France

et l'Angleterre autour de l'Italie ; mais si tous les motifs que je viens d'énumérer ont pu déterminer l'Angleterre à s'éloigner de l'Autriche, malgré l'opinion de lord Derby, la France ne doit pas s'endormir sur cette alliance, qui est à toute heure une menace et peut avoir pour résultat de l'isoler.

Tombée en Crimée de son piédestal militaire, l'Angleterre, que la Russie eût jetée à la mer sans nos soldats, arrêtée par la paix après avoir épuisé les ressources de ses arsenaux, ne pardonnera jamais à l'empereur Napoléon d'avoir refusé d'anéantir la flotte russe. Ses éclats de colère contre l'ambition moscovite qui débordait sur le Danube, étaient presque un motif de second ordre ; son grief le plus sérieux était le développement de la marine russe, la richesse de ses arsenaux. Elle eût livré Constantinople pour brûler cette flotte à vapeur créée par le czar, sauf à brûler Constantinople plus tard pour en chasser la Russie. Sa pensée secrète, ardente, était de livrer à Cronstadt une nouvelle bataille de Navarin. Elle savait bien qu'elle nous trouverait toujours debout pour empêcher la Russie de s'emparer des États du sultan, elle voulait profiter de l'occasion pour en finir avec la marine russe. La flotte russe détruite, l'alliance entre la France et l'Angleterre n'avait plus de but, sa marine restait sans contre-poids, elle restait seule vis-à-vis de nous, prête à se faire l'âme de toute coalition le jour où nos flottes lui contesteraient la suprématie des mers ou lui feraient ombrage.

Elle ne marche avec la France que si ses intérêts sont menacés et qu'elle ne puisse entrer seule en ligne !... Sur tous les points du globe, sa diplomatie nous est hostile. Après la guerre de Crimée, nous l'avons vue intriguer avec l'Autriche, à Constantinople, pour anéantir l'influence française, si noblement acquise ; depuis le canal de Suez jusqu'à l'expédition de Syrie, elle n'a pas changé de politique ; ses orateurs, ses diplomates ont passé l'éponge sur les massacres de Damas, ils se sont faits les défenseurs des assassins contre les victimes ; ils ont dénoncé l'ambition de la France, remplissant un devoir d'humanité. En Italie, ils nous ont vingt fois jeté à la face les traités de 1815.

Qui n'a profondément réfléchi sur les dangers de l'alliance anglaise en face de cette explosion de jalousie et de haine qui a éclaté dans les deux chambres au sujet de l'annexion de Nice et de la Savoie, sentiments si vivaces, qu'ils se sont glissés même dans le discours de la couronne.

Du reste, Dieu veuille que l'Italie n'apprenne pas à ses dépens quel fond on peut faire sur l'alliance anglaise. C'est contre nous qu'elle intrigue à Turin et qu'elle épuise son habileté auprès de Garibaldi. Qu'on le sache bien, elle ne met en lice que son argent et son influence morale. Que Victor-Emmanuel ait besoin de faire un appel à son armée ou à sa flotte, elle battra en retraite. Elle a vendu à l'insurrection des armes, de la poudre et des canons, mais l'heure est venue où l'Italie aura besoin d'autre chose que de sa contrebande et de ses conseils, alors on verra ce qu'est l'Angleterre.

Elle a proclamé avec nous le principe de non-intervention, mais ne le défendrait pas par les armes s'il était violé par l'Autriche ; elle a crié contre l'annexion pour prendre vis-à-vis de la Suisse et de l'Italie des allures protectrices, parce qu'elle voulait laisser ouvertes nos frontières en face de Lyon, parce qu'elle voulait laisser aux mains de l'étranger les clefs de la France méridionale. Voilà les motifs. Ce n'est pas la Suisse ou l'Italie, que nous n'attaquerons jamais, que sa politique voulait défendre ; mais elle voyait avec dépit la France reprendre ses frontières naturelles et déchirer encore une fois ces pauvres traités de 1815. Où l'Italie est menacée, c'est du côté du Tyrol, c'est sur le Pô ; mais l'Angleterre laissera la Lombardie ouverte et la Vénétie à l'Autriche, parce que c'est un moyen de faire payer à l'Italie sa protection, et qu'elle tiendra toujours à Vienne le fil de cette épée de Damoclès : l'insurrection de Venise.

Elle trouve aujourd'hui l'Italie assez forte et l'Autriche assez réduite, un pas de plus nuirait à sa politique, et déjà son influence fatale s'oppose à l'annexion et souffle la discorde entre Garibaldi et Victor-Emmanuel. Elle a besoin de l'Italie contre l'Autriche, mais l'Autriche lui est indispensable contre la France, parce que l'Autriche anéantie, l'Angleterre n'a pas d'armée sur le continent. Toutes ces voltes-faces sont faciles à Londres !... Alliances, traités, promesses, tout s'efface, se déchire, disparaît avec la chute d'un ministère. On n'a même pas besoin de changer les ministres, quand il s'agit d'exécuter une pensée hostile à la France. Que lui importe que Venise souffre, si ses intérêts l'exigent. Elle a déjà fait prévenir officiellement Victor-Emmanuel et Garibaldi d'en finir rapidement avec le royaume des Deux-Siciles et les Légations, mais de ne pas toucher à la Vénétie, parce qu'ils ne seraient plus soutenus par elle.

Elle fait bon marché des peuples et de leur liberté en face de ses intérêts, même éventuels. Elle est libérale et flatte la révolution, parce qu'elle ne veut pas que les peuples se tournent vers la France ; parce qu'elle sait que tout essai de coalition aurait pour résultat de mettre l'empereur Napoléon à la tête de la démocratie européenne. Elle sait le terrain que la liberté gagne chaque jour et se fait libérale ; elle restera l'arme au bras si plus tard la révolution est amenée sur les champs de bataille, et partagera ses dépouilles si elle est vaincue.

V

Jetons maintenant un coup d'œil sur la politique générale de la France !... Elle est nette depuis le premier jour, son programme se résume en quelques mots : 1° Déchirer les traités de 1815 qui, sur tous les points de l'Europe, sont une menace de révolution. 2° Assurer la paix en détruisant le droit de conquête. 3° Développer l'industrie, l'agriculture par la suppression de toutes les entraves, de tous les monopoles ; même de cette suprématie des mers, que bon gré mal gré il faudra bien que l'Angleterre abandonne.

Nous avons été en Italie parce que l'Autriche y devenait trop forte et qu'il était temps d'arrêter cette ambition effrénée ; parce qu'il fallait briser cette épée si chèrement payée par l'Angleterre ; parce qu'il fallait être assuré de la paix sur le continent, dans le cas où notre marine aurait quelque chose à démêler avec la marine anglaise.

L'Angleterre a cherché en Italie une alliance, des ports, des entrepôts, un marché ; nous avons versé notre sang pour la grande cause de son indépendance. Plus l'Italie, libre jusqu'à l'Adriatique, deviendra puissante, plus l'Allemagne sera faible vis-à-vis de nous. Dans toute question européenne son armée sera la nôtre ! Si la France disparaissait comme grande puissance, l'Italie retomberait le même jour sous la domination de l'étranger. Si la marine française subissait un échec contre l'Angleterre, les vaisseaux de l'Italie auraient besoin de la permission d'un capitaine anglais pour faire le cabotage entre Naples et la Sicile ; je dirai plus, le jour où la marine française serait détruite, la liberté des mers disparaîtrait et l'Europe retomberait sous le joug de l'Angleterre.

Que l'Italie grandisse, c'est l'intérêt et le vœu de la France ; ce n'est pas après Magenta, après Solférino, après le programme de Milan, que nous ferons obstacle à son indépendance, à son unité. La France, comme l'Europe, désire que la révolution se régularise ; elle a un but avoué, défini ; ce but n'est une menace pour personne. Il était évident pour tous que la puissance temporelle des Papes avait fait son temps, qu'elle ne pouvait exister, laissant sans communication l'Italie du nord et l'Italie du sud ; et les diverses protestations qui ont eu lieu, sont plutôt un acte de déférence vis-à-vis du Saint-Siége qu'un blâme contre l'Italie.

C'est peut-être nous qui paierons encore le rachat de la Vénétie, parce que notre politique l'exige. L'Italie serait emportée, comme l'Autriche, dans les désastres d'une banqueroute, si elle était obligée longtemps de suffire aux armements formidables dont sa situation lui fait une impérieuse loi. Il faut que sa frontière soit assurée du côté de l'Allemagne : elle ne saurait l'être en face du quadrilatère, hérissé de canons et défendu par trois cent mille soldats, avec des têtes de pont qui facilitent partout le passage du Pô et rendent imminents les périls d'une nouvelle guerre.

Cette situation est une impasse dont il faut qu'elle sorte, c'est un danger plus grand et plus coûteux que celui des champs de bataille, et qui prépare une mort moins glorieuse. C'est ce qui précipitera les événements, il faut que l'Autriche cède la Vénétie, en laissant à sa charge une partie de sa dette, ou qu'une nouvelle guerre éclate ; c'est inévitable.

Mais que l'Autriche mûrisse bien cette résolution suprême !..... Ce n'est pas seulement l'Italie qui joue son va-tout, c'est pour elle-même une question de vie ou de mort. Il ne s'agit plus de savoir si elle gagnera ou perdra une province, c'est la question d'être ou de n'être pas qu'elle confie au sort des armes. Elle comprend la grandeur du péril et s'y prépare ; elle a trois ennemis en face : l'Italie qui, au printemps, plus tôt peut-être, pourra mettre en ligne cinq cent mille soldats ; la Hongrie, qui n'attend que le signal pour en appeler à la révolution du despotisme qui pèse sur elle, et la banqueroute.

Ce n'est plus cette Sardaigne luttant seule à Novarre pour l'indépendance de la patrie italienne, c'est un État de vingt-quatre millions d'hommes surexcités par une pensée de liberté et de haine, marchant sur le continent en colonnes serrées, et possédant une flotte qui peut apporter demain, à l'insurrection de Hongrie, des chefs, des soldats, des fusils, de la poudre et des canons. Jointe à la flotte napolitaine, la flotte sarde, avec de bons marins et bien commandée, peut achever de ruiner le commerce de l'Autriche, bloquer ses ports, brûler ses arsenaux, anéantir sa marine. Si l'Autriche est obligée de faire banqueroute, c'est sa radiation de la carte d'Europe.

Ce jour-là que fera l'Angleterre? il faut bien l'avouer, sa politique est à cette heure emportée dans le mouvement de la politique française, Napoléon l'a isolée du reste de l'Europe.

La paix avec la Russie, en sauvegardant la flotte russe, malgré le mauvais vouloir britannique, a créé un vieux levain entre Londres et Saint-Pétersbourg.

La paix de Villafranca, en forçant la politique anglaise à se faire italienne contre l'Autriche, a tué dans l'œuf les coalitions du premier Empire et brouillé l'Angleterre et l'Autriche.

L'occupation de Gibraltar, l'opposition de lord Palmerston à reconnaître l'Espagne comme une grande puissance, a préparé l'annexion du Portugal à l'Espagne avec l'aide de la France s'il le faut, et détruit l'influence britannique dans la Péninsule.

L'Angleterre n'a conservé au Nord que l'alliance de la Prusse, parce qu'elle flatte ses idées d'agrandissement en Allemagne, pour tenir l'Autriche en échec. Du reste en Prusse, comme en Italie, comme en Hongrie, elle fait un travail d'unité. Isolée du côté des têtes couronnées, elle marche avec les peuples, avec la révolution ; si la France et l'Angleterre maintiennent énergiquement le principe de non-intervention, la révolution s'accomplira sans que la paix du monde soit troublée.

En isolant l'Angleterre, l'Empereur ne rêve pas une guerre maritime, qui ruinerait notre commerce quel qu'en fût le résultat; il ne rêve pas une invasion, que John Bull se rassure!... il ne ferait aujourd'hui la guerre que pour avoir la paix ; parce qu'il sait que c'est le travail, que c'est l'industrie qui tueront l'Angleterre et non pas le canon. Son but c'est de faire cesser ce déplorable système d'hostilité à la France partout et quand même, cette prétention de faire la police des mers et de resserrer l'alliance anglo-française, en l'obligeant d'entrer avec nous dans la même sphère d'action.

Abordons cette question sans hésiter : et voyons si une solution pacifique est difficile à trouver !... Si la France et l'Angleterre d'accord ne peuvent pas imposer la paix à l'Europe au milieu des complications actuelles.

Nous vivons, il faut l'avouer, dans une époque de transformations sociales, les trônes du droit divin sont ébranlés, les peuples veulent être les arbitres de leur destinée. En dehors des affaires italiennes, tel événement peut se produire qui remette en question la carte d'Europe. Il est évident que l'intérêt de la France est qu'elle soit refaite ; je dirai plus, l'intérêt de l'Europe l'exige, parce que cela mettrait un terme aux ambitions démesurées qui parfois éclatent sur le monde comme une trombe de sang, parce qu'il faut en finir avec cet horrible spectacle de révolutions comprimées par la force ou se perdant par la violence.

L'Allemagne n'est-elle pas assez grande pour la Prusse et l'Autriche ?... en constituant son unité, en brisant ce réseau ridicule de petits roitelets et de petits princes, elle n'a plus besoin pour être forte d'opprimer ses voisins; qu'elle rentre dans le droit et dans la justice, et la révolution cessera de gronder à ses portes.

Au lieu de jouer sa vie sur l'imprévu d'une bataille, que l'Autriche laisse à la diplomatie le soin de régler les conditions de l'indépendance de Venise... ! il serait juste que la Vénétie prît sa part des dettes de l'Empire. Pourquoi la Hongrie comme Venise, ne rachèterait-elle pas à ce prix sa liberté ? L'Autriche trouverait de larges compensations en Allemagne. Serait-elle affaiblie, alors qu'elle serait une puissance purement germanique !... évidemment non. Elle aurait retrouvé l'équilibre de son budget avec un nombre aussi considérable de sujets, et de plus la constitution d'un royaume composé de la Hongrie et des provinces Moldo-Valaques, neutralisé par l'Europe, donnerait une solution à ce problème de la question d'Orient, en arrêtant la marche de la Russie vers Constantinople.

Jetons un coup d'œil sur les divers cabinets de l'Europe, pour apprécier leur situation actuelle et la nouvelle situation qui leur serait faite.

L'Autriche est en danger de toutes parts, en face de l'Italie et de sa marine, en face de la Hongrie prête à s'insurger, elle marche rapidement à sa dissolution.

Elle est menacée par la Prusse, qui se pose comme la tête libérale de l'Allemagne et cherche à réaliser à son bénéfice l'unité germanique, malgré les promesses de Tœplitz.

En contact avec la Russie, contre laquelle elle ne peut lutter parce qu'elle n'est pas homogène, elle peut être réduite à l'état de vassale par une marche heureuse du Tzar sur Constantinople, favorisée par ses luttes intestines.

Elle peut être entraînée dans une guerre contre la France soit pour ses possessions italiennes, soit par ses obligations fédérales.

Ruinée, sans ressources, prête à déposer son bilan, elle a le plus vif intérêt à devenir un corps de nation, à se débarrasser de ses dettes, à repousser les deux boulets qu'elle traîne et qui épuisent ses forces : l'Italie et la Hongrie. Par sa situation, elle dominerait encore, parce qu'elle tiendrait la balance entre l'Italie et la France d'un côté, la Russie et la Hongrie de l'autre. Séparée de la France par la neutralité russe et l'Italie, séparée de la Russie par le vaste royaume de Hongrie, son alliance serait aimée et recherchée, parce qu'elle serait le contre-poids nécessaire à la tranquillité du monde. Que l'Europe le sache bien, cette tranquillité ne sera un bienfait acquis que lorsqu'elle aura publiquement déchiré les traités de 1815, où la sainte alliance avait capricieusement, sans respect des nationalités, rivé des provinces, des peuples, de langues, de mœurs, de races différentes à la même chaîne. Cette question d'équilibre européen, après avoir été résolue par le despotisme, doit l'être d'une manière plus juste et plus stable par la liberté. La compression et la violence ne sont pas un droit et les révolutions qui viennent périodiquement ébranler le monde sont la suite de ces indignes systèmes de gouvernement.

En renonçant à l'Italie, l'Autriche cesse d'être une menace pour la France, elle devient son alliée contre la Prusse, parce qu'elle évite à l'Europe les dangers ou les embarras qui pourraient surgir de l'unité allemande sous le même sceptre.

En renonçant à la Hongrie, elle s'affranchit de toute crainte du côté de la Russie et met fin à une des plus graves complications qui agitent le monde. Il est évident que dans un temps peut-être rapproché, cette constitution d'un royaume de Hongrie sera considérée par la diplomatie comme une garantie essentielle à la paix, devant clore cette question d'Orient si grosse encore de tempêtes, et que l'on réveille chaque jour.

La Hongrie est destinée à sauver l'Europe de toutes les invasions ; elle a arrêté le fanatisme turc, elle arrêterait l'ambition moscovite et déplacerait son centre d'action en la rejetant sur l'autre rive du Bosphore.

Comme la question italienne, la question hongroise marche à grands pas vers une solution. Dieu veuille que la Russie, intéressée à trouver le champ libre devant elle, n'exerce pas sur les divers cabinets une influence pernicieuse, et que l'Angleterre comprenne que la formation de ce royaume indépendant, couvrant les rives du Danube, coûte moins et offre plus de sécurité qu'une nouvelle campagne de Crimée !

La Prusse a le même intérêt que l'Autriche, fallût-il

neutraliser la Hollande et lui donner le Hanovre !... A elles deux, sans motifs désormais de jalousie et de prépondérance sur leurs petits voisins, elles n'auraient plus qu'à songer à développer leur industrie nationale.

Seule la France pourrait voir d'un mauvais œil la dissolution de la Confédération germanique, qui, pour la Prusse et l'Autriche, est un motif de faiblesse ; mais avec ses frontières des Alpes, du Rhin et de l'Escaut, n'étant une menace pour personne, elle aurait en elle-même tous motifs de sécurité. La France, en 89, a pu constituer cette unité, qui fait sa force, en détruisant l'autonomie de ses provinces pour éviter toute division intestine ; pourquoi s'opposerait-elle à l'application de ce système en Allemagne.

D'ailleurs, là n'est pas le danger : que le principe de non-intervention rentre dans le droit européen, que la diplomatie supprime ce reste de barbarie, ce droit de conquête, où seront pour les peuples les ferments de guerre et de révolution ? Où seront leurs rivalités, si ce n'est dans les grands bazars des expositions universelles.

L'opposition viendra peut-être de la Russie !... Mais l'Asie à conquérir et à civiliser lui laisse la faculté de faire presque un lac moscovite de la mer Noire et une capitale en face de Constantinople. Voilà pour longtemps de quoi épuiser l'ambition et les ressources de Saint-Pétersbourg. Si elle exigeait plus, l'Europe n'est-elle pas là pour imposer son véto.

C'est dans ce sens que la carte d'Europe doit être et sera refaite ; il faut que le monde se repose, et qu'à toute heure, capricieusement, tout ne soit pas remis en question, parce que les manufactures s'arrêtent au bruit du canon, et que la guerre enlève des milliers de bras à l'agriculture et des millions à l'industrie.

Une seule nation a vécu et s'est enrichie des troubles qui éclataient sur le continent, c'est l'Angleterre ; mais sa dette énorme est là pour lui rappeler ce que coûtent les coalitions. Quand l'Angleterre travaillait, en 1815, à la carte d'Europe, elle savait bien qu'elle créait un avenir plein de secousses et de révolutions ; elle savait bien que là où n'est pas la sécurité, les capitaux se cachent et l'industrie se perd. Et l'œuvre machiavélique de sa politique a été de créer partout des motifs puissants d'antagonisme pour faire payer son alliance à chacun tour à tour.

Après bien du sang versé, elle a vu que ces luttes de la conquête étaient stériles, que la paix lui ouvrait des marchés plus lucratifs, et, jalouse de la grande initiative de la France, elle a abandonné l'idée ruineuse des coalitions, pour tendre la main aux grandes infortunes et se mettre à la tête de ce mouvement qui agite le monde ; les intérêts de sa politique et de son commerce lui font une loi de marcher d'accord avec la France ; et ce n'est pas trop d'elles deux pour que les événements s'accomplissent et que la paix soit sauvegardée.

Une rupture entre la France et l'Angleterre serait à cette heure un crime contre l'humanité, leur union assure la liberté de l'Europe. Mais au moment où des motifs si graves, si puissants, resserrent les liens INTIMES de l'entente cordiale, ce que je n'ai jamais compris chez une nation intelligente, c'est l'argent qu'elle perd à couvrir ses côtes de bastions impuissants. Les chambres des lords et des communes ont retenti de craintes exagérées, de batailles navales et d'invasions ? projets chimériques !.. Que l'Angleterre veuille loyalement la paix ; la France a d'autres pensées que celles d'une guerre avec elle qui ne peut jamais être qu'un désastre.

Les flottes, les canons et les engins de toute nature qu'elle amoncelle dans ses arsenaux et dans ses ports, les fortifications dont elle couvre ses rivages, les livres sterling qu'elle dépense à son budget de la peur, *ne sauveront pas l'Angleterre si la paix est maintenue, si l'entente cor-*

diale est sincère et de durée. Que le canon se taise et la lutte industrielle sera son arrêt de mort.

Une fois la carte d'Europe refaite, quand les nations n'auront plus à redouter le réveil sinistre des révolutions, quand la vapeur sera partout activement soumise à l'industrie, au commerce, à l'agriculture, c'est à la tête des chefs-d'œuvre de la libre production que nous envahirons l'Angleterre, et notre descente sera triomphale.

FIN.